This planner belongs to

_____

SCHOOL _____

GRADE _____

ROOM _____

ADDRESS

_____

_____

_____

PHONE _____

Classroom Resources

○ _____   ○ _____

○ _____   ○ _____

○ _____   ○ _____

○ _____   ○ _____

○ _____   ○ _____

○ _____   ○ _____

Important Passwords

○ _____   ○ _____

○ _____   ○ _____

○ _____   ○ _____

○ _____   ○ _____

○ _____   ○ _____

○ _____   ○ _____

Professional Development

TITLE	DATE	HOURS

Favorite Websites

- ○
- ○
- ○
- ○
- ○
- ○
- ○
- ○
- ○
- ○
- ○
- ○

- ○
- ○
- ○
- ○
- ○
- ○
- ○
- ○
- ○
- ○
- ○
- ○

Contacts AND Volunteers

NAME	CONTACT INFO

Welcome!

Schedule

SCHOOL BEGINS: _____

LUNCH: _____ RECESS: _____

SPECIALS: _____

_____

SCHOOL ENDS: _____

Need help?

RELIABLE STUDENTS: _____

TEACHERS: _____

PRINCIPAL: _____

VICE PRINCIPAL: _____

OTHER STAFF: _____

Special Schedules

NAME	TIME/LOCATION
_____	_____
_____	_____
_____	_____

Additional Notes

_____

_____

_____

_____

_____

Communication Log

DATE	TYPE	NAME	PURPOSE	NOTES
	📱@▤🚶			
	📱@▤🚶			
	📱@▤🚶			
	📱@▤🚶			
	📱@▤🚶			
	📱@▤🚶			
	📱@▤🚶			
	📱@▤🚶			
	📱@▤🚶			
	📱@▤🚶			
	📱@▤🚶			
	📱@▤🚶			
	📱@▤🚶			
	📱@▤🚶			
	📱@▤🚶			
	📱@▤🚶			
	📱@▤🚶			
	📱@▤🚶			
	📱@▤🚶			
	📱@▤🚶			
	📱@▤🚶			
	📱@▤🚶			
	📱@▤🚶			
	📱@▤🚶			
	📱@▤🚶			
	📱@▤🚶			
	📱@▤🚶			
	📱@▤🚶			
	📱@▤🚶			

Communication Log

DATE	TYPE	NAME	PURPOSE	NOTES
	📱@▤👥			
	📱@▤👥			
	📱@▤👥			
	📱@▤👥			
	📱@▤👥			
	📱@▤👥			
	📱@▤👥			
	📱@▤👥			
	📱@▤👥			
	📱@▤👥			
	📱@▤👥			
	📱@▤👥			
	📱@▤👥			
	📱@▤👥			
	📱@▤👥			
	📱@▤👥			
	📱@▤👥			
	📱@▤👥			
	📱@▤👥			
	📱@▤👥			
	📱@▤👥			
	📱@▤👥			
	📱@▤👥			
	📱@▤👥			
	📱@▤👥			
	📱@▤👥			
	📱@▤👥			
	📱@▤👥			

Notes AND To - Do's

- ○ _____
- ○ _____
- ○ _____
- ○ _____
- ○ _____
- ○ _____
- ○ _____
- ○ _____
- ○ _____
- ○ _____
- ○ _____
- ○ _____
- ○ _____
- ○ _____

Notes AND To - Do's

○ _____

○ _____

○ _____

○ _____

○ _____

○ _____

○ _____

○ _____

○ _____

○ _____

○ _____

○ _____

○ _____

○ _____

Plan It

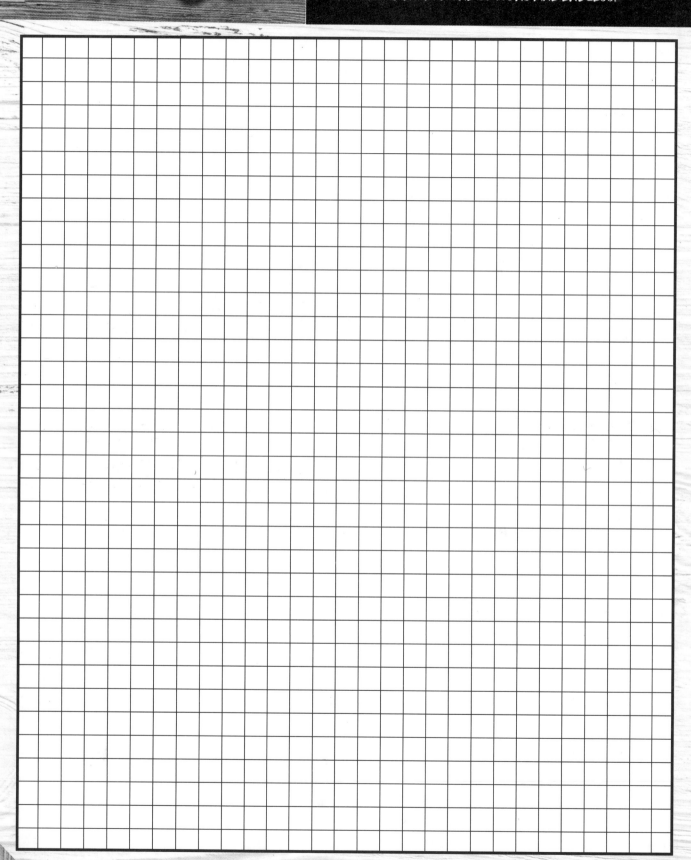

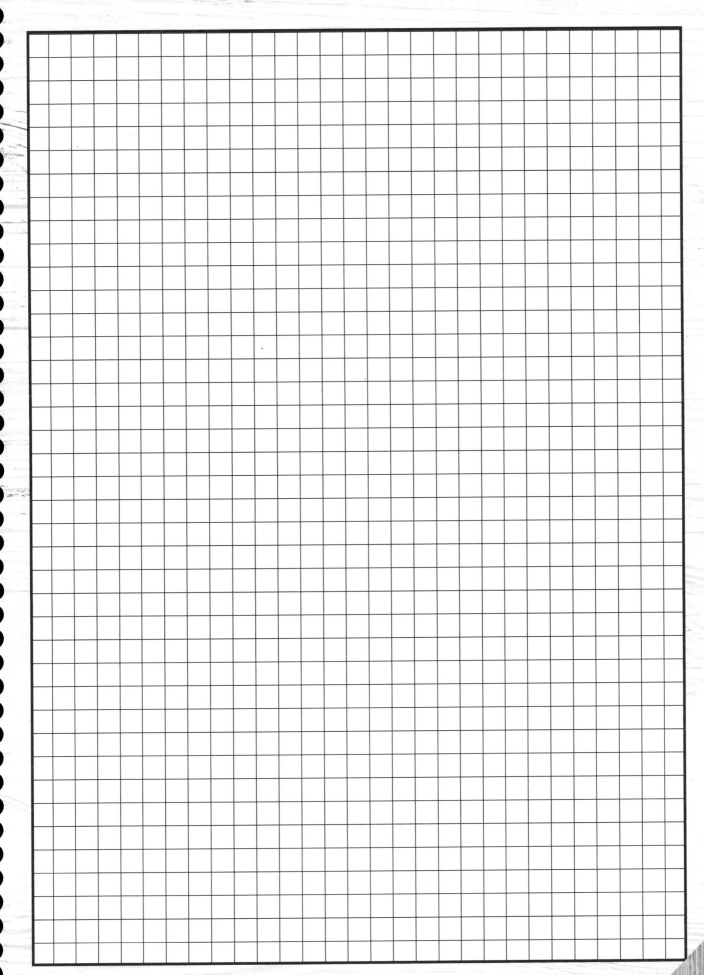

Year at a Glance

JULY

AUGUST

SEPTEMBER

OCTOBER

NOVEMBER

DECEMBER

Year at a Glance

JANUARY

FEBRUARY

MARCH

APRIL

MAY

JUNE

July

SUNDAY	MONDAY	TUESDAY	WEDNESDAY
○	○	○	○
○	○	○	○
○	○	○	○
○	○	○	○
○	○	○	○

THURSDAY	FRIDAY	SATURDAY	HAVE TO DO
○	○	○	○ ___
			○ ___
			○ ___
			○ ___
○	○	○	○ ___
			○ ___
			○ ___
			○ ___
			○ ___
			○ ___
			○ ___
○	○	○	**NOTES**
○	○	○	
○	○	○	

Psst! Use these guides to keep your tabs perfectly placed.

15

August

BE CHALK-FULL OF AWESOME

SUNDAY	MONDAY	TUESDAY	WEDNESDAY
○	○	○	○
○	○	○	○
○	○	○	○
○	○	○	○
○	○	○	○

THURSDAY	FRIDAY	SATURDAY	HAVE TO DO
○	○	○	○ _____
			○ _____
			○ _____
			○ _____
○	○	○	○ _____
			○ _____
			○ _____
			○ _____
			○ _____
			○ _____
			○ _____
○	○	○	**NOTES**
			_____
			_____
			_____
○	○	○	_____
			_____
			_____
○	○	○	_____
			_____

September

BE CHALK-FULL OF AWESOME

SUNDAY	MONDAY	TUESDAY	WEDNESDAY
○	○	○	○
○	○	○	○
○	○	○	○
○	○	○	○
○	○	○	○

IMPORTANT DATES

GOALS

THURSDAY	FRIDAY	SATURDAY	HAVE TO DO
			○ _____
			○ _____
			○ _____
			○ _____
			○ _____
			○ _____
			○ _____
			○ _____
			○ _____
			○ _____
			○ _____
			○ _____
			NOTES

October

BE CHALK-FULL OF AWESOME

SUNDAY	MONDAY	TUESDAY	WEDNESDAY
◯	◯	◯	◯
◯	◯	◯	◯
◯	◯	◯	◯
◯	◯	◯	◯
◯	◯	◯	◯

IMPORTANT DATES

GOALS

THURSDAY	FRIDAY	SATURDAY	HAVE TO DO
◯	◯	◯	○ _____ ○ _____ ○ _____ ○ _____ ○ _____ ○ _____ ○ _____ ○ _____
◯	◯	◯	○ _____ ○ _____ ○ _____ ○ _____ ○ _____
◯	◯	◯	**NOTES**
◯	◯	◯	
◯	◯	◯	

November

SUNDAY	MONDAY	TUESDAY	WEDNESDAY
○	○	○	○
○	○	○	○
○	○	○	○
○	○	○	○
○	○	○	○

IMPORTANT DATES

GOALS

THURSDAY	FRIDAY	SATURDAY	HAVE TO DO
○	○	○	○ _____
			○ _____
			○ _____
○	○	○	○ _____
			○ _____
			○ _____
			○ _____
			○ _____
			○ _____
			○ _____
○	○	○	**NOTES**
			_____
			_____
○	○	○	_____
			_____
			_____
○	○	○	_____

December

SUNDAY	MONDAY	TUESDAY	WEDNESDAY
◯	◯	◯	◯
◯	◯	◯	◯
◯	◯	◯	◯
◯	◯	◯	◯
◯	◯	◯	◯

THURSDAY	FRIDAY	SATURDAY	HAVE TO DO
○	○	○	
○	○	○	
○	○	○	NOTES
○	○	○	
○	○	○	

January

BE CHALK-FULL OF AWESOME

SUNDAY	MONDAY	TUESDAY	WEDNESDAY
○	○	○	○
○	○	○	○
○	○	○	○
○	○	○	○
○	○	○	○

THURSDAY	FRIDAY	SATURDAY	HAVE TO DO
			NOTES

February

BE CHALK-FULL OF AWESOME

SUNDAY	MONDAY	TUESDAY	WEDNESDAY
◯	◯	◯	◯
◯	◯	◯	◯
◯	◯	◯	◯
◯	◯	◯	◯
◯	◯	◯	◯

THURSDAY	FRIDAY	SATURDAY	HAVE TO DO
○	○	○	○ _____
			○ _____
			○ _____
○	○	○	○ _____
			○ _____
			○ _____
			○ _____
○	○	○	**NOTES**
			_____
○	○	○	_____
			_____
○	○	○	_____

March

BE CHALK-FULL OF AWESOME

SUNDAY	MONDAY	TUESDAY	WEDNESDAY
○	○	○	○
○	○	○	○
○	○	○	○
○	○	○	○
○	○	○	○

IMPORTANT DATES

GOALS

THURSDAY	FRIDAY	SATURDAY	HAVE TO DO

NOTES

April

SUNDAY	MONDAY	TUESDAY	WEDNESDAY
○	○	○	○
○	○	○	○
○	○	○	○
○	○	○	○
○	○	○	○

IMPORTANT DATES

GOALS

THURSDAY	FRIDAY	SATURDAY	HAVE TO DO
○	○	○	○ ___ ○ ___ ○ ___ ○ ___ ○ ___ ○ ___ ○ ___ ○ ___
○	○	○	○ ___ ○ ___ ○ ___ ○ ___ ○ ___
○	○	○	NOTES
○	○	○	
○	○	○	

May

SUNDAY	MONDAY	TUESDAY	WEDNESDAY
◯	◯	◯	◯
◯	◯	◯	◯
◯	◯	◯	◯
◯	◯	◯	◯
◯	◯	◯	◯

THURSDAY	FRIDAY	SATURDAY	HAVE TO DO
○	○	○	○ ___ ○ ___ ○ ___ ○ ___ ○ ___ ○ ___ ○ ___
○	○	○	○ ___ ○ ___ ○ ___ ○ ___ ○ ___
○	○	○	NOTES ___ ___ ___ ___
○	○	○	___ ___ ___ ___
○	○	○	___ ___ ___

June

SUNDAY	MONDAY	TUESDAY	WEDNESDAY
○	○	○	○
○	○	○	○
○	○	○	○
○	○	○	○
○	○	○	○

THURSDAY	FRIDAY	SATURDAY	HAVE TO DO
			NOTES

Week

	SUBJECT	SUBJECT	SUBJECT
MON. /			
TUE. /			
WED. /			
THUR. /			
FRI. /			

SUBJECT	SUBJECT	SUBJECT	SUBJECT

Week

	SUBJECT	SUBJECT	SUBJECT
MON. /			
TUE. /			
WED. /			
THUR. /			
FRI. /			

SUBJECT	SUBJECT	SUBJECT	SUBJECT

Week

	SUBJECT	SUBJECT	SUBJECT
MON. /			
TUE. /			
WED. /			
THUR. /			
FRI. /			

SUBJECT	SUBJECT	SUBJECT	SUBJECT

SUBJECT	SUBJECT	SUBJECT	SUBJECT

SUBJECT	SUBJECT	SUBJECT	SUBJECT

SUBJECT	SUBJECT	SUBJECT	SUBJECT

SUBJECT	SUBJECT	SUBJECT	SUBJECT

Week

\#

MON.

/

TUE.

/

WED.

/

THUR.

/

FRI.

/

SUBJECT	SUBJECT	SUBJECT

SUBJECT	SUBJECT	SUBJECT	SUBJECT

SUBJECT	SUBJECT	SUBJECT	SUBJECT

Week
#

MON.

/

TUE.

/

WED.

/

THUR.

/

FRI.

/

SUBJECT	SUBJECT	SUBJECT

SUBJECT	SUBJECT	SUBJECT	SUBJECT

SUBJECT	SUBJECT	SUBJECT	SUBJECT

SUBJECT	SUBJECT	SUBJECT	SUBJECT

SUBJECT	SUBJECT	SUBJECT	SUBJECT

SUBJECT	SUBJECT	SUBJECT	SUBJECT

MON.

/

TUE.

/

WED.

/

THUR.

/

FRI.

/

SUBJECT	SUBJECT	SUBJECT

SUBJECT	SUBJECT	SUBJECT

SUBJECT	SUBJECT	SUBJECT	SUBJECT

SUBJECT	SUBJECT	SUBJECT	SUBJECT

Week

MON.
/

TUE.
/

WED.
/

THUR.
/

FRI.
/

SUBJECT	SUBJECT	SUBJECT

SUBJECT	SUBJECT	SUBJECT	SUBJECT

SUBJECT	SUBJECT	SUBJECT	SUBJECT

Week

	SUBJECT	SUBJECT	SUBJECT
MON. /			
TUE. /			
WED. /			
THUR. /			
FRI. /			

SUBJECT	SUBJECT	SUBJECT	SUBJECT

SUBJECT	SUBJECT	SUBJECT	SUBJECT

	SUBJECT	SUBJECT	SUBJECT
Week #			
MON. /			
TUE. /			
WED. /			
THUR. /			
FRI. /			

SUBJECT	SUBJECT	SUBJECT	SUBJECT

SUBJECT	SUBJECT	SUBJECT	SUBJECT

Week #

MON.

/

TUE.

/

WED.

/

THUR.

/

FRI.

/

SUBJECT	SUBJECT	SUBJECT

SUBJECT	SUBJECT	SUBJECT	SUBJECT

Week
#

MON.
/

TUE.
/

WED.
/

THUR.
/

FRI.
/

SUBJECT	SUBJECT	SUBJECT

SUBJECT	SUBJECT	SUBJECT

SUBJECT	SUBJECT	SUBJECT	SUBJECT

SUBJECT	SUBJECT	SUBJECT	SUBJECT

SUBJECT	SUBJECT	SUBJECT	SUBJECT

Week

	SUBJECT	SUBJECT	SUBJECT
MON. /			
TUE. /			
WED. /			
THUR. /			
FRI. /			

SUBJECT	SUBJECT	SUBJECT	SUBJECT

SUBJECT	SUBJECT	SUBJECT	SUBJECT

SUBJECT	SUBJECT	SUBJECT	SUBJECT

SUBJECT	SUBJECT	SUBJECT	SUBJECT

SUBJECT	SUBJECT	SUBJECT	SUBJECT

Week #

	SUBJECT	SUBJECT	SUBJECT
MON. /			
TUE. /			
WED. /			
THUR. /			
FRI. /			

SUBJECT	SUBJECT	SUBJECT	SUBJECT

Week #

MON.
/

TUE.
/

WED.
/

THUR.
/

FRI.
/

SUBJECT	SUBJECT	SUBJECT

SUBJECT	SUBJECT	SUBJECT	SUBJECT

SUBJECT	SUBJECT	SUBJECT	SUBJECT

SUBJECT	SUBJECT	SUBJECT	SUBJECT

SUBJECT	SUBJECT	SUBJECT	SUBJECT

SUBJECT	SUBJECT	SUBJECT	SUBJECT

Week #	SUBJECT	SUBJECT	SUBJECT
MON. /			
TUE. /			
WED. /			
THUR. /			
FRI. /			

SUBJECT	SUBJECT	SUBJECT	SUBJECT

Week

#

MON.

/

TUE.

/

WED.

/

THUR.

/

FRI.

/

SUBJECT	SUBJECT	SUBJECT

SUBJECT	SUBJECT	SUBJECT	SUBJECT

Week	SUBJECT	SUBJECT	SUBJECT
#			

MON.

/

TUE.

/

WED.

/

THUR.

/

FRI.

/

SUBJECT	SUBJECT	SUBJECT	SUBJECT

Week
#

MON.
/

TUE.
/

WED.
/

THUR.
/

FRI.
/

SUBJECT	SUBJECT	SUBJECT

SUBJECT	SUBJECT	SUBJECT	SUBJECT

Week

\#

MON.

/

TUE.

/

WED.

/

THUR.

/

FRI.

/

SUBJECT	SUBJECT	SUBJECT

SUBJECT	SUBJECT	SUBJECT	SUBJECT

SUBJECT	SUBJECT	SUBJECT	SUBJECT

	SUBJECT	SUBJECT	SUBJECT

Week

MON.

___ / ___

TUE.

___ / ___

WED.

___ / ___

THUR.

___ / ___

FRI.

___ / ___

SUBJECT	SUBJECT	SUBJECT	SUBJECT

Week

	SUBJECT	SUBJECT	SUBJECT

MON.

/

TUE.

/

WED.

/

THUR.

/

FRI.

/

SUBJECT	SUBJECT	SUBJECT

SUBJECT	SUBJECT	SUBJECT	SUBJECT

Week

MON. /

TUE. /

WED. /

THUR. /

FRI. /

SUBJECT	SUBJECT	SUBJECT

SUBJECT	SUBJECT	SUBJECT	SUBJECT

Week

MON.
/

TUE.
/

WED.
/

THUR.
/

FRI.
/

SUBJECT	SUBJECT	SUBJECT

SUBJECT	SUBJECT	SUBJECT

SUBJECT	SUBJECT	SUBJECT	SUBJECT

SUBJECT	SUBJECT	SUBJECT	SUBJECT

SUBJECT	SUBJECT	SUBJECT	SUBJECT

SUBJECT	SUBJECT	SUBJECT	SUBJECT

Week

	SUBJECT	SUBJECT	SUBJECT
MON. /			
TUE. /			
WED. /			
THUR. /			
FRI. /			

SUBJECT	SUBJECT	SUBJECT	SUBJECT

SUBJECT	SUBJECT	SUBJECT	SUBJECT

Week #

MON.
/

TUE.
/

WED.
/

THUR.
/

FRI.
/

SUBJECT	SUBJECT	SUBJECT

SUBJECT	SUBJECT	SUBJECT	SUBJECT

Week #

MON.

/

TUE.

/

WED.

/

THUR.

/

FRI.

/

SUBJECT	SUBJECT	SUBJECT

SUBJECT	SUBJECT	SUBJECT	SUBJECT

Week #

MON. /

TUE. /

WED. /

THUR. /

FRI. /

SUBJECT	SUBJECT	SUBJECT

SUBJECT	SUBJECT	SUBJECT	SUBJECT

SUBJECT	SUBJECT	SUBJECT	SUBJECT

SUBJECT	SUBJECT	SUBJECT	SUBJECT

Week #

MON.
/

TUE.
/

WED.
/

THUR.
/

FRI.
/

SUBJECT	SUBJECT	SUBJECT

SUBJECT	SUBJECT	SUBJECT	SUBJECT

Week
#

MON.
/

TUE.
/

WED.
/

THUR.
/

FRI.
/

SUBJECT	SUBJECT	SUBJECT

SUBJECT	SUBJECT	SUBJECT	SUBJECT

SUBJECT	SUBJECT	SUBJECT	SUBJECT

Week #

MON.

/

TUE.

/

WED.

/

THUR.

/

FRI.

/

SUBJECT	SUBJECT	SUBJECT

SUBJECT	SUBJECT	SUBJECT	SUBJECT

Week

	SUBJECT	SUBJECT	SUBJECT
MON. /			
TUE. /			
WED. /			
THUR. /			
FRI. /			

SUBJECT	SUBJECT	SUBJECT	SUBJECT

Week

	SUBJECT	SUBJECT	SUBJECT
MON. /			
TUE. /			
WED. /			
THUR. /			
FRI. /			

SUBJECT	SUBJECT	SUBJECT	SUBJECT

	SUBJECT	SUBJECT	SUBJECT
MON. /			
TUE. /			
WED. /			
THUR. /			
FRI. /			

SUBJECT	SUBJECT	SUBJECT	SUBJECT

SUBJECT	SUBJECT	SUBJECT	SUBJECT

Week	SUBJECT	SUBJECT	SUBJECT
#			
MON. /			
TUE. /			
WED. /			
THUR. /			
FRI. /			

SUBJECT	SUBJECT	SUBJECT	SUBJECT

SUBJECT	SUBJECT	SUBJECT	SUBJECT

SUBJECT	SUBJECT	SUBJECT	SUBJECT

SUBJECT	SUBJECT	SUBJECT	SUBJECT

SUBJECT	SUBJECT	SUBJECT	SUBJECT

Week #

MON.
/

TUE.
/

WED.
/

THUR.
/

FRI.
/

SUBJECT	SUBJECT	SUBJECT

SUBJECT	SUBJECT	SUBJECT	SUBJECT

SUBJECT	SUBJECT	SUBJECT	SUBJECT

SUBJECT	SUBJECT	SUBJECT	SUBJECT

SUBJECT	SUBJECT	SUBJECT	SUBJECT

SUBJECT	SUBJECT	SUBJECT	SUBJECT

Week

#

MON.

/

TUE.

/

WED.

/

THUR.

/

FRI.

/

SUBJECT	SUBJECT	SUBJECT

SUBJECT	SUBJECT	SUBJECT	SUBJECT

SUBJECT	SUBJECT	SUBJECT	SUBJECT

Week
# #

MON.
/

TUE.
/

WED.
/

THUR.
/

FRI.
/

SUBJECT	SUBJECT	SUBJECT

SUBJECT	SUBJECT	SUBJECT	SUBJECT

Week

MON.
/

TUE.
/

WED.
/

THUR.
/

FRI.
/

SUBJECT	SUBJECT	SUBJECT

SUBJECT	SUBJECT	SUBJECT	SUBJECT

Week #	SUBJECT	SUBJECT	SUBJECT
MON. /			
TUE. /			
WED. /			
THUR. /			
FRI. /			

SUBJECT	SUBJECT	SUBJECT	SUBJECT

Week
#

MON.
/

TUE.
/

WED.
/

THUR.
/

FRI.
/

SUBJECT	SUBJECT	SUBJECT

SUBJECT	SUBJECT	SUBJECT	SUBJECT

Student
CHECKLIST

NAME

FOLD OR CUT ALONG THIS LINE

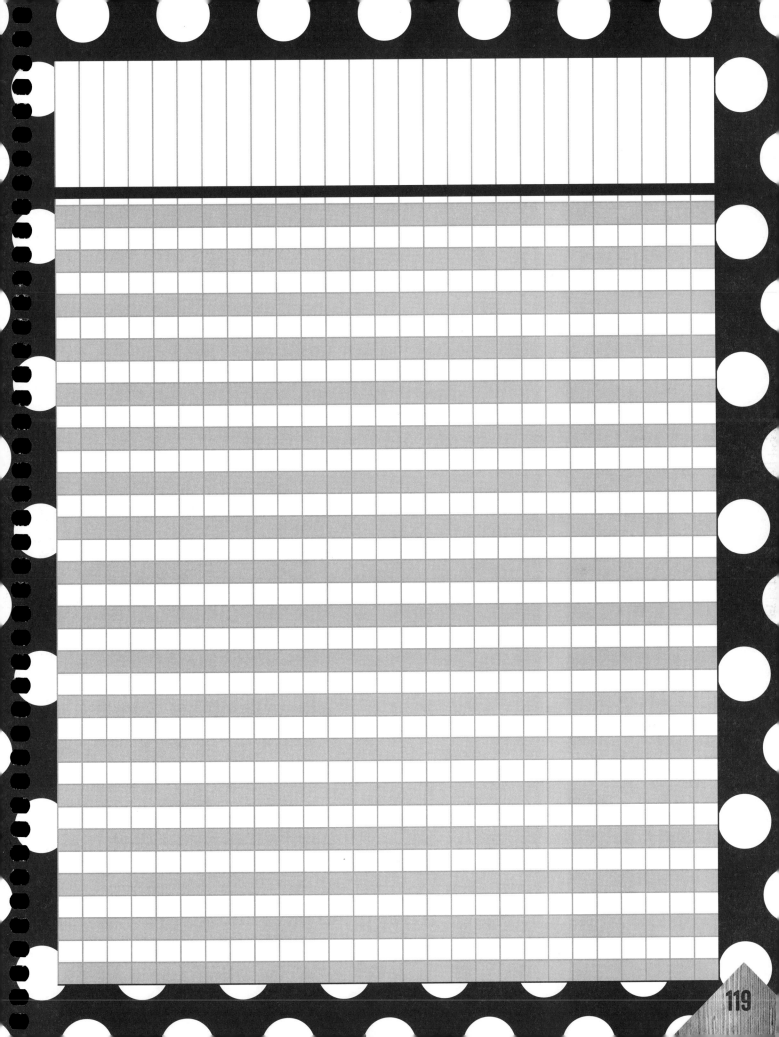

Student
CHECKLIST

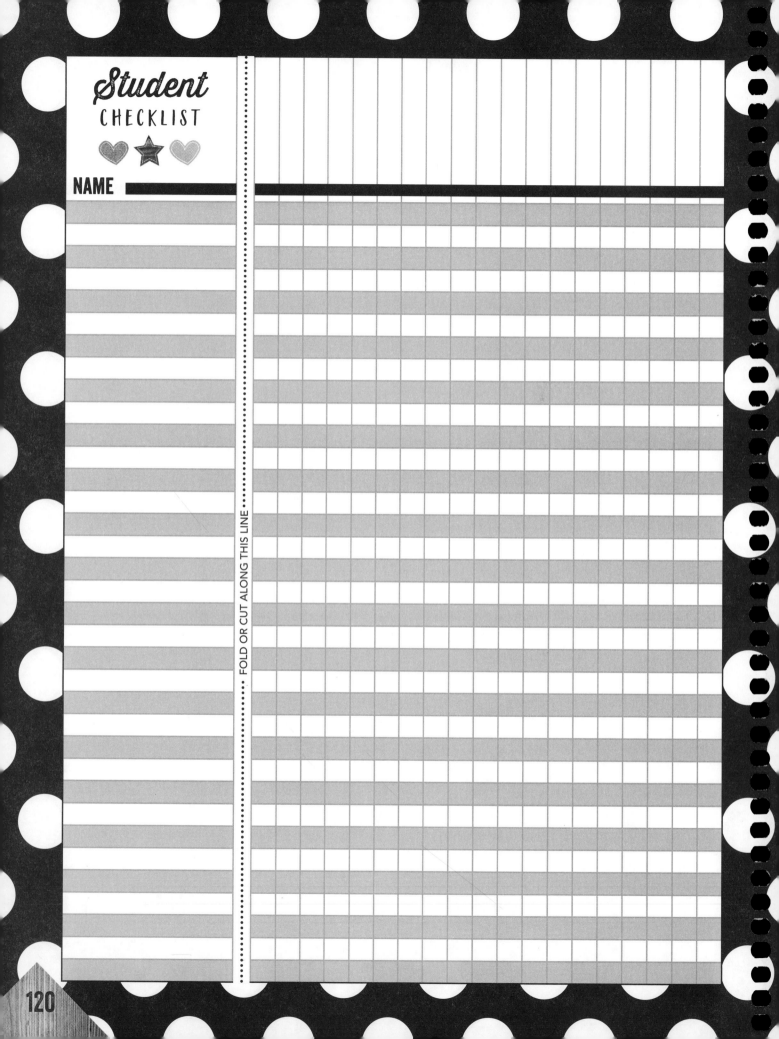

NAME

FOLD OR CUT ALONG THIS LINE

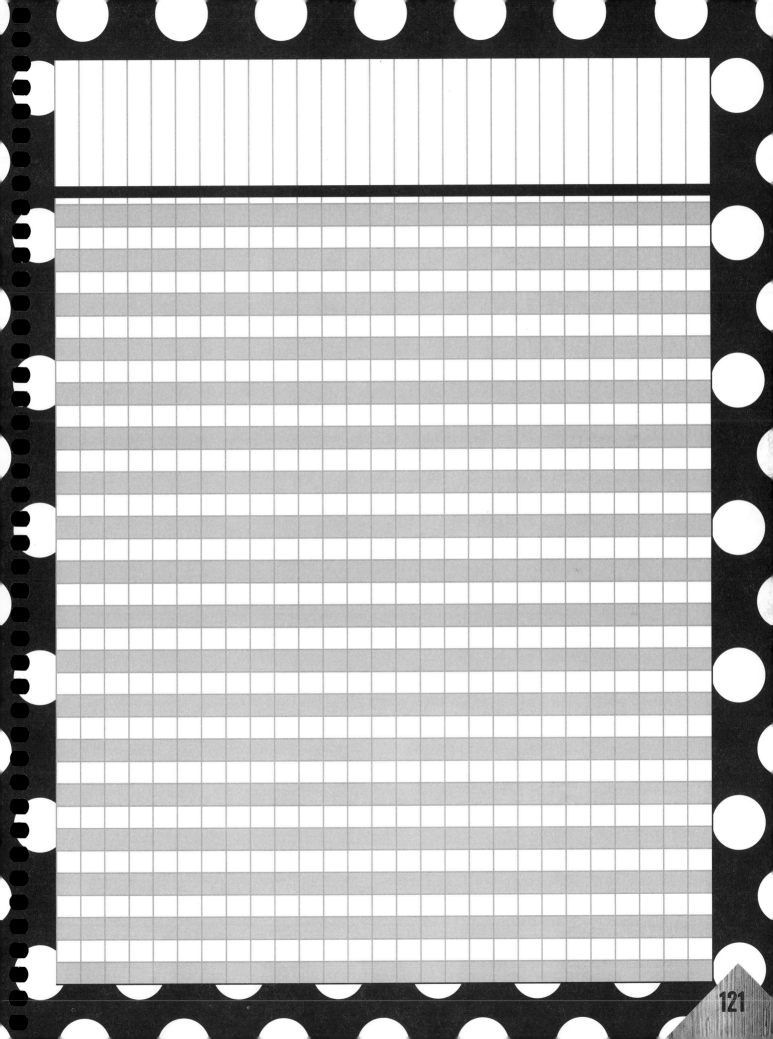

Student
CHECKLIST

NAME

FOLD OR CUT ALONG THIS LINE

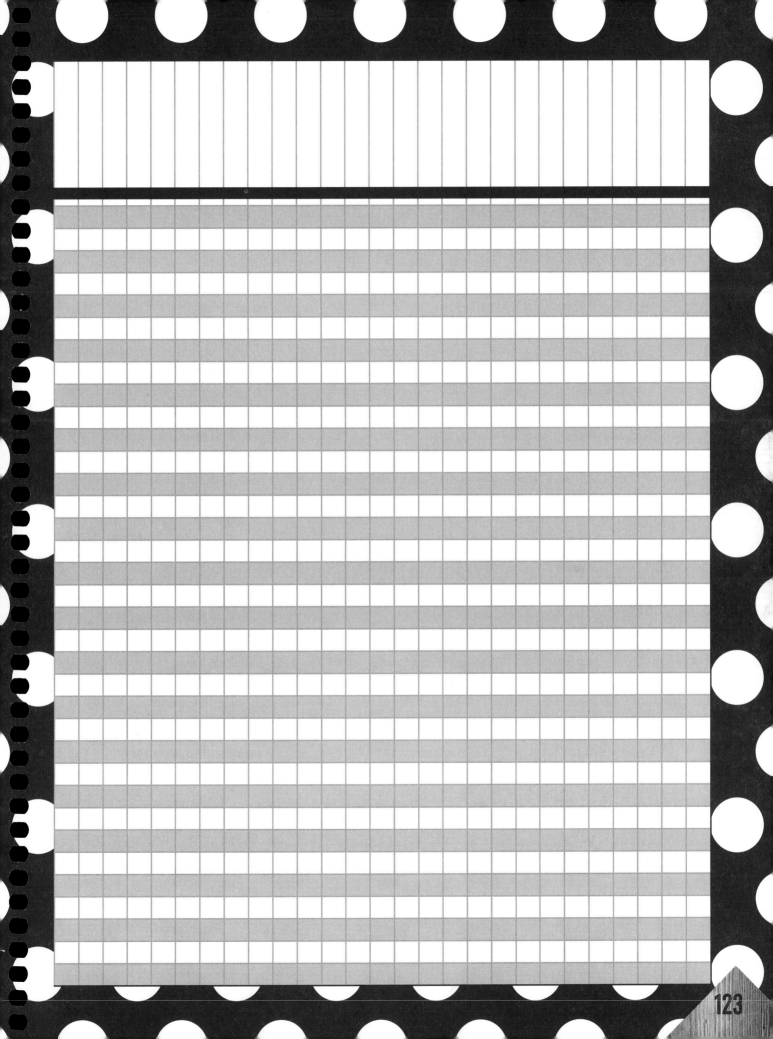

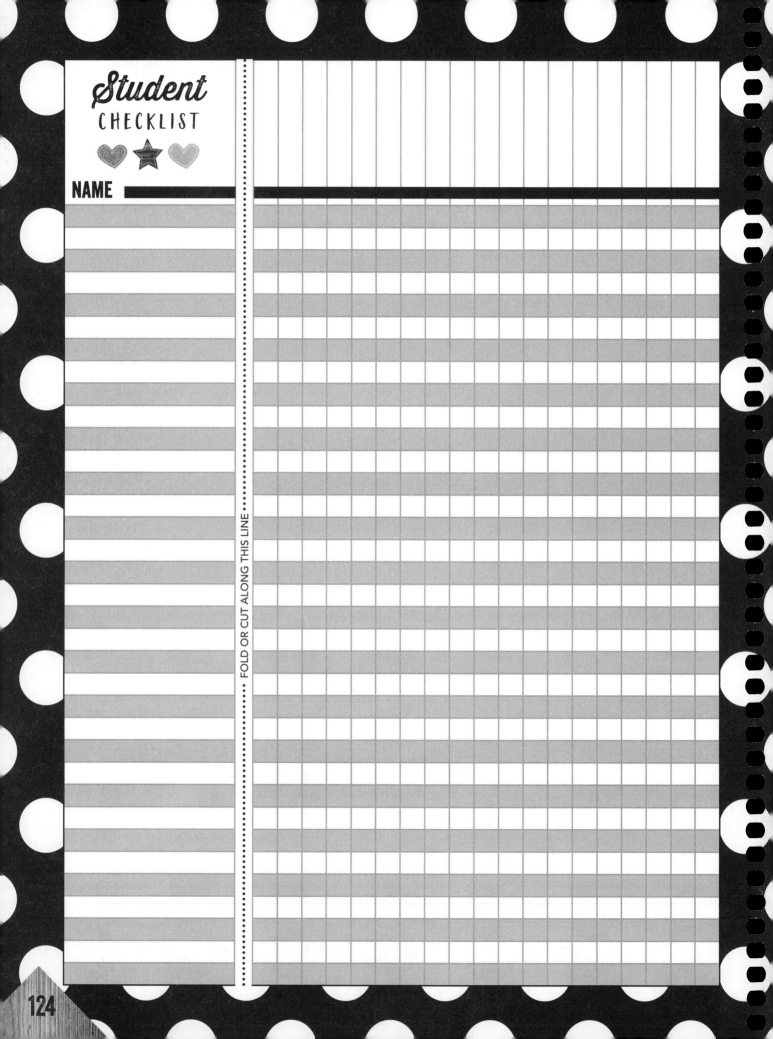

Student
CHECKLIST

NAME

FOLD OR CUT ALONG THIS LINE

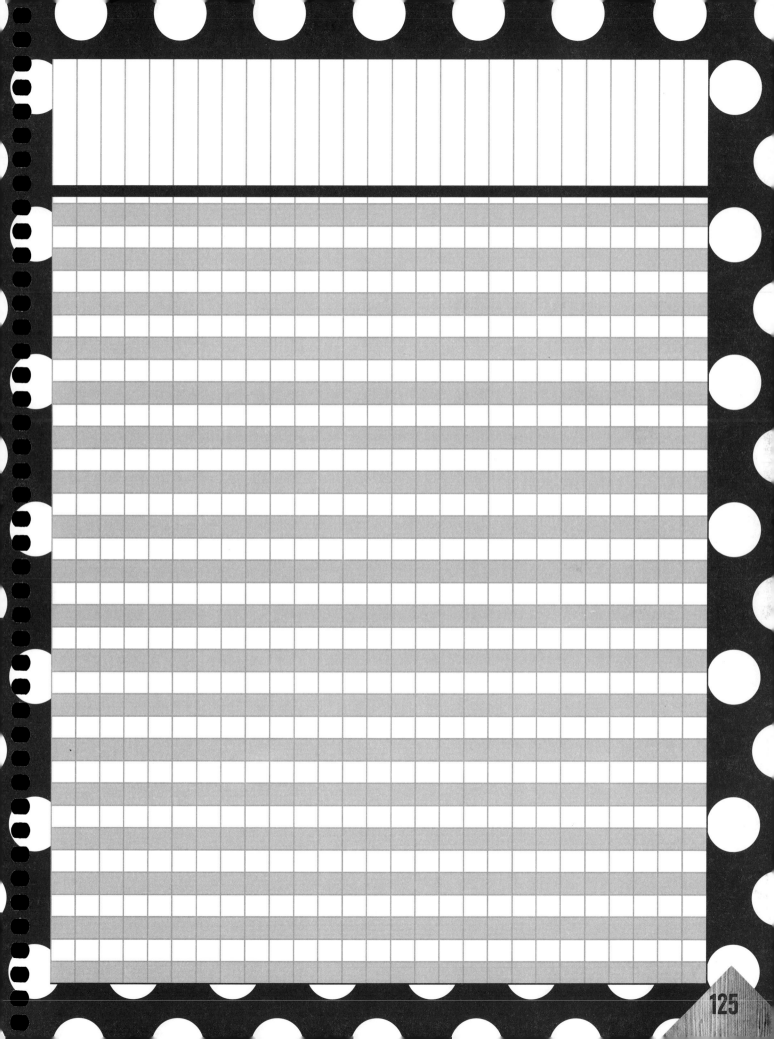

Student
CHECKLIST

NAME

FOLD OR CUT ALONG THIS LINE

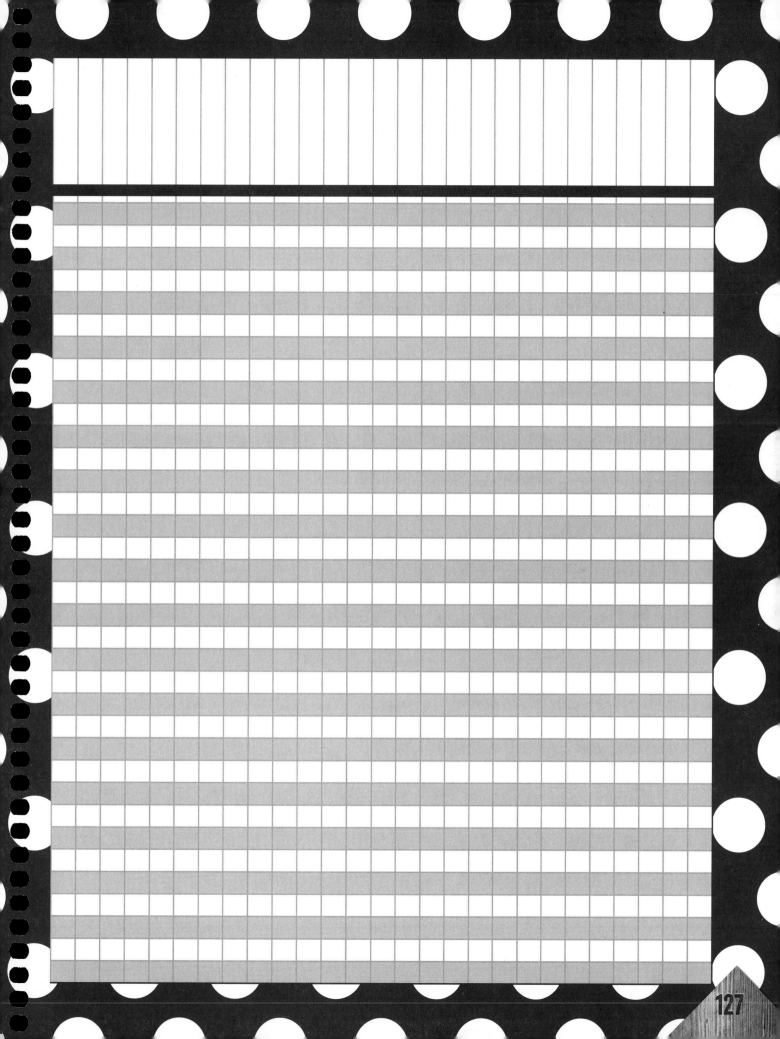

Teach Your Heart Out

LESSON PLANS · LESSON PLANS · CHECKLISTS · CHECKLISTS

June · June · May · May · April · April · March · March

February · February · January · January · December · December · November · November

October · October · September · September · August · August · July · July